AF348115

LA PUCELLE

D'ORLÉANS,

PANTOMIME HISTORIQUE ET CHEVALERESQUE

En trois actes, à grand spectacle;

PRÉCÉDÉE DU **SONGE DE JEANNE D'ARC,**

Et terminée par son APOTHÉOSE,

Par J. G. A. CUVELIER;

Musique par M. ALEXANDRE; Divertissemens de M. JACQUINET;

Costumes et Décors de M. ISIDORE;

Représentée, pour la première fois, à Paris, au Cirque Olympique, le 10 novembre 1813.

. . . . *Mirabilis est ars*
Quæ facit articulos, ore silente loqui.

PARIS,

BARBA, Libraire, Palais-Royal, derrière le Théâtre Français, n°. 51.

~~~~~~~~~~

DE L'IMPRIMERIE D'ÉVERAT, RUE DU CADRAN, N°. 16.

1814.
~~~~~~~~~~

PERSONNAGES.

Le Génie de la France.
CHARLES VII, Roi de France.
DUNOIS, Général français.
Un Chevalier français.
CHANDOS, Général anglais.
Un Chevalier anglais.
TRUXILLO, Muletier espagnol.
JOHNBULL, Ecuyer de Chandos.
BLOCKHEAD, idem.
Le Commandant d'Orléans.
Le Père de Jeanne.
Premier Soldat français.
Deuxième Soldat français.
Un Espion anglais.
BLACKBAR, Geolier anglais.

Deux Garçons d'auberge.

Chevaliers français.
Pages du Roi.
Seigneurs de la Cour.
Habitans d'Orléans.
Paysans.
Soldats français.
Soldats anglais.
JEANNE D'ARC, Pucelle d'Orléans.
AGNÈS SOREL.
REBECCA.
Demoiselles d'honneur d'Agnès.
Dames de la Cour de France.
Dames d'Orléans.
Paysannes.

ACTEURS.

Mlle. Adèle.
M. Bassin.
M. Franconi cadet.
M. Dominique.
M. Franconi aîné.
M. Bunel.
M. Vissot.
M. Lagoutte.
M. Lahaye.
M. Gougi cadet.
M. Bunel.
M. Baudot.
M. Ahn.
M. Gougibus cadet.
M. Ahn.
{*M. Ahn fils.*
{*M. Dumouchel.*
MM. les Danseurs.

Mad. Franconi.
Mlle Julie Pariset.
Mlle. Tigée.
Mesd. les Figurantes.
Mesd. les Danseuses.

La Scène est en France, sous le règne de Charles VII.

LA PUCELLE

D'ORLÉANS,

PANTOMIME HISTORIQUE ET CHEVALERESQUE.

PROLOGUE ET SONGE.

Le Théâtre représente une place de village ; à gauche de l'acteur une auberge, plus loin l'entrée de l'écurie, dans le fond une fontaine formant abreuvoir.

On monte dans l'intérieur de l'auberge par plusieurs marches ; en avant de l'escalier, un banc de fleurs et un laurier-rose.

Jeanne, dans son auberge, fait connoître son activité et son amour pour son père. Des soldats arrivent fatigués, ils boivent. Dunois s'arrête un instant dans l'auberge pour faire rafraîchir son cheval.

PREMIER SOLDAT.

Le beau Dunois se rend au camp, camarade, je crois que la journée de demain sera chaude.

SECOND SOLDAT.

Tant mieux, camarade, j'aime le feu, moi.

PREMIER.

Ces enragés d'Anglais bloquent la ville d'Orléans ; il ne sera pas facile de les déloger.

SECOND.

Nous servons sous l'étendard de la France ; vaincre ou mourir, voilà notre devise, comme dit fort bien ta chanson... Camarade, si tu voulois nous la chanter, nous boirions un coup de plus, et cela nous réchaufferoit le cœur et l'estomac.

PREMIER.

Vive dieu ! camarade, bien volontiers.

CHANSON.

Premier Couplet.

Écoutons la trompe guerrière,
Ses sons appellent aux combats ;
Amis, suivons notre bannière,
Les braves ne la quittent pas.
Frappons l'étranger indompté,
    Dont la furie
Menace notre liberté :
    Perdre la vie
Pour son Prince et pour sa patrie,
C'est gagner l'immortalité.

II.

Les dangers augmentent la gloire ;
Que seroit-elle à nos regards,
Si, pour obtenir la victoire,
On ne bravoit pas les hasards ?
Frappons l'étranger indompté,
    Dont la furie
Menace notre liberté :
    Perdre la vie
Pour son Prince et sa patrie,
C'est gagner l'immortalité.

La Pucelle, en menant boire le cheval de Dunois, a écouté cette chanson avec un vif intérêt.

Les soldats sortent pour se reposer.

Elle reste seule : accablée par la chaleur et la fatigue, elle s'assied sur le banc, auprès du laurier-rose, et s'endort en chantant :

    Perdre la vie,
Pour son Prince et pour sa patrie,
C'est gagner l'immortalité.

Le Génie de la France apparoît à Jeanne ; il est sur un nuage : d'autres Génies l'entourent.

LE GÉNIF.

Jeanne d'Arc, c'est toi que le ciel a désignée pour délivrer Orléans, sauver la France, et venger ton roi.

JEANNE, *endormie.*

Eh ! quoi une foible fille auroit mérité cet excès d'honneur.

LE GÉNIE.

C'est ta foiblesse même qui fera ta force.

JEANNE.

Je serois assez heureuse pour obtenir de si hautes destinées ?

LE GÉNIE.

Oui, si la gloire te paroît préférable à l'existence.

JEANNE.

La victoire et une mort glorieuse, tel est le vœu que Dieu a placé dans mon cœur.

LE GÉNIE.

Fille généreuse, ton dévouement aura sa récompense, et si la ruse l'emporte un instant sur ta grandeur d'âme, la postérité vengera ta mémoire... Reçois ce glaive et ce bouclier, ils seront la marque de ta mission.

(*Le Génie place une épée et un bouclier entre les branches du laurier-rose, qui se renferment et les cachent à tous les yeux.*)

LE GÉNIE.

Jeanne d'Arc, aujourd'hui même tes destins vont s'accomplir, et tu sauveras la vie de ton roi... Lorsque pour prix de cet éclatant service, le Prince t'aura conféré l'ordre de chevalerie, et que tu auras reçu de sa main l'oriflamme sacrée. Marche sans crainte à la tête de ses phalanges; combats, triomphe, et n'oublie jamais que le Dieu des armées est avec les défenseurs de la France. (*La vision s'évanouit.*)

JEANNE , *toujours endormie.*

Oui... je sauverai la France...

LE PÈRE , *en dehors.*

Jeanne d'Arc !.. ma fille !... ma fille !... (*Elle se réveille)*
Fin du Prologue et du Songe.

ACTE PREMIER.

(*Même Décoration.*)

Jeanne cherche à rassembler ses idées, et à se rappeler ce qu'elle vient de voir pendant son sommeil.

Son père sort de la maison; la trouvant rêveuse, il l'interroge : il pense qu'elle a dans le cœur un amour secret. Jeanne éloigne cette idée avec une sainte indignation, et déclare à son père que dieu lui a parlé en songe; le père s'imagine que la tête de sa fille est dérangée.

Truxillo, muletier espagnol, paroît conduisant un mulet chargé de longs paniers.

Il demande l'hospitalité ; on lui répond qu'il n'y a plus de place ; mais il sera satisfait si on lui donne à la porte de l'auberge ce qui lui est nécessaire pour appaiser sa faim et sa soif.

(*La nuit est venue.*)

Jeanne fait conduire le mulet à l'écurie.

Truxillo, seul, fait entrer avec mystère des espions anglais auxquels il livre des armes contenues dans ses deux paniers.

Jeanne vient servir le muletier et lui apporte de la lumière : il la trouve jolie ; il seroit charmé de lui plaire ; il lui fait l'aveu de cette fantaisie : Jeanne l'écoute avec mépris ; il croit la séduire avec de l'or ; elle refuse indignée ; il insiste et veut l'embrasser ; elle le repousse d'un bras vigoureux et sort.

Truxillo jure de se venger, il appelle les espions anglais ; il les fait cacher.

Jeanne vient apporter le souper du muletier ; elle va rentrer chez son père ; les Anglais cachés l'entourent et veulent l'enlever.

Jeanne se débat au milieu des ravisseurs ; elle arrache l'épée de l'un d'eux et se met en défense avec une noble fierté ; ils restent confondus.

Attirés par le bruit, Dunois et tous ceux que renferme l'auberge paroissent ; les espions s'enfuient.

Le muletier est arrêté ; les soldats prétendent en faire justice ; Jeanne, trop généreuse pour se venger, dédaigne de frapper un aussi méprisable ennemi. Truxillo sort confus et humilié. Dunois est étonné de l'énergie et de la dignité d'une simple paysanne : la Pucelle semble méditer un grand projet.

Tout-à-coup elle se jette aux pieds de Dunois et lui demande la permission de le suivre à l'armée : son père la détourne de ce dessein extraordinaire ; Dunois la prie de s'expliquer.

Jeanne lui apprend le songe qu'elle a fait ; elle lui

fait connoître qu'elle est inspirée par le ciel ; elle se souvient qu'un bouclier et une épée lui ont été offerts par le Génie de la France ; elle les cherche, les découvre dans les branches du laurier-rose et s'en empare avec enthousiasme. Dunois et tous les guerriers de sa suite sont dans le plus profond étonnement. Le bâtard de France, frappé de tout ce qu'il vient de voir, prend la résolution de conduire la Pucelle vers le Roi. Jeanne reçoit la bénédiction de son père, et part avec les chevaliers, laissant lire sur sa physionomie son exaltation et sa joie.

(Le Théâtre change et représente une forêt; dans le fond, l'entrée du château d'Agnès-Sorel.)

Agnès sort du château avec ses demoiselles d'honneur, elle attend avec impatience le retour du roi qui est à la chasse.

Bientôt des sons de cor se font entendre ; Charles VII paroît précédé de ses pages, et suivi de toute sa cour.

Charles met pied à terre, il donne la main à Agnès et lui fait hommage de sa chasse. Dunois arrive conduisant la Pucelle ; il la présente au roi et lui raconte tout ce qu'il sait d'extraordinaire sur le compte de cette jeune paysanne.

Elle aborde le roi avec une noble modestie ; Charles l'examine avec attention, il se rappelle un songe qu'il a fait, et semble frappé de l'idée que cette fille sauvera son royaume, il l'invite à entrer dans le château et fait monter à cheval un de ses officiers, pour annoncer au camp l'arrivée prochaine de la nouvelle héroïne.

Le roi suit Agnès dans le château.

Truxillo à formé le projet de faire assassiner Charles ; les anglais le secondent dans cet horrible dessein ; l'un d'eux déguisé en moine, est désigné pour commettre ce crime ; les autres se retirent en embuscade dans le bois.

Le faux moine sonne à la porte du château, les

valets essayent de le renvoyer, il insiste en disant qu'il veut parler au roi.

Charles paroit avec la Pucelle, Dunois, Agnès et toute la cour.

Le traître se jette à ses pieds et lui présente une lettre, le roi se baisse pour la prendre, l'anglais tire un poignard de son sein, il va frapper le prince...... La Pucelle a vu ce mouvement, elle prévient l'assassin et le perce de son épée.

Les anglais en embuscade se montrent brusquement; ils enveloppent Charles et sa suite; Jeanne fait des prodiges de valeur pour délivrer son roi; elle s'attache au porte-drapeau anglais et le combat corps à corps.

Cependant les anglais voyant leur coup manqué, se retirent en désordre.

Le roi reparoît, et vient rassurer la timide Agnès, qui trembloit pour ses jours.

On s'inquiette de ne pas voir la Pucelle : elle revient pâle, les cheveux épars et marchant avec peine.

Elle est blessée au bras gauche, mais de la main droite elle tient un drapeau anglais. Elle dépose aux pieds du roi ce témoignage de sa valeur, ce gage de ses exploits futurs.

Charles l'embrasse et la remet aux soins d'Agnès, en donnant l'ordre à ses troupes de poursuivre les ennemis fugitifs.

Fin du premier acte.

ACTE II.

Le théâtre représente une galerie, à gauche de l'acteur un trône, à droite une estrade.

Le roi paroît, précédé de ses pages, de ses courtisans et des dames; il monte sur son trône. Jeanne se présente conduite par Dunois; elle est reçue chevalier; le roi de France lui donne l'accolade.

Divertissement.

On annonce un message; les danses cessent. Le messager se jette aux pieds du trône et apprend au prince que la ville d'Orléans est prête à recevoir l'assaut et à livrer ses clefs aux anglais. Toute la cour est consternée.

Jeanne s'avance fièrement, et déclare que si le roi lui permet de combattre, elle sauvera Orléans.

Charles VII, plein de confiance dans cette fille courageuse, qu'il regarde comme l'envoyée de Dieu, fait déployer l'oriflamme et le confie à sa garde. Jeanne jure de vaincre et reçoit à genoux cette sainte bannière à laquelle les destinées de la France sont attachées.

Elle sort au milieu des chevaliers électrisés par son enthousiasme.

Le théâtre change et représente le camps des anglais.

Il est nuit, la lune éclaire la campagne. Chandos est à la tête de ses troupes; ses écuyers arrivent avec Truxillo, et lui rendent compte du mauvais succès de leur entreprise contre Charles, en lui apprenant qu'il a près de lui une femme exraordinaire, dont la présence a ranimé le courage des Français.

Chandos ordonne qu'on redouble de surveillance; des patrouilles sont envoyées sur divers points; le général rentre dans sa tente, dont les rideaux se baissent.

Les écuyers anglais et Truxillo se proposent de passer la nuit gaîment en jouant et en buvant.

Deux vivandières sont appelées; elles apportent des liqueurs et du vin; on les distribue avec pr usion aux soldats; différens groupes se forment: la joie est dans le camp.

Bientôt les liqueurs spiritueuses font leur effet; tous s'endorment dans la plus profonde sécurité; un seul factionnaire veille sur un tertre élevé qu'on voit dans le fond.

La Pucelle qui doit traverser les lignes anglaises pour se rendre à Orléans, profite de ce désordre, sort du bois où elle s'étoit tenue cachée avec les chevaliers français pendant le jour, surprend la sentinelle, la tue, et fait défiler ses troupes sans bruit, à travers le camp ennemi.

Les soldats veulent se jeter sur les anglais, et les égorger; Jeanne les arrête en leur disant que frapper un ennemi sans défense, c'est lâcheté; elle leur montre la route d'Orléans.

Un écuyer français a ouvert la tente du général; il va le poignarder. Jeanne, toujours généreuse, désarme l'écuyer, se contente de prendre l'écharpe de Chandos, la suspend à l'étendart français, et sort en indiquant aux chevaliers le chemin qui les conduira à la gloire.

Chandos se réveille; il voit ses soldats endormis; il s'aperçoit que son écharpe lui a été enlevée; il découvre dans le lointain les troupes françaises, dont les armes brillent au clair de la lune.

Rien ne peut égaler sa surprise et sa fureur; il donne lui-même le signal par trois coups de tambour.

Les Anglais se réveillent, prennent les armes et courent venger leur insulte, et atteindre les Français, s'il est possible, avant leur entrée dans la viile.

(*Le Théâtre change, et représente au fond les remparts de la ville d'Orléans; en avant des palissades.*)

Le commandant visite les postes au point du jour; Jeanne paroît: elle est reconnue; le secours qu'elle amène entre triomphant dans les murs.

(*Il fait jour.*)

Chandos arrive pour être témoin de l'entrée de la Pucelle dans Orléans; il menace la garnison de la faire passer au fil de l'épée, si elle ne se rend. L'intrépide Jeanne, du haut des murailles, encourage les Français, et brave les vaines menaces de l'ennemi.

Le feu s'engage de toutes parts.

Attaque de la ville; assaut. Les Français sont d'abord repoussés; la Pucelle arrache le drapeau anglais que

Chandos plantoit sur les remparts; elle rétablit le combat.

Les Anglais reculent à leur tour; un de leurs chevaliers est renversé et prêt à périr, Jeanne lui sauve la vie, et lui rend son épée.

Chandos est repoussé de toutes parts, et les léopards fuient devant les lys.

Le roi arrive pour être témoin du triomphe de l'héroïne; elle est élevée sur un pavois porté par les soldats.

Les habitans d'Orléans sont aux pieds de leur libératrice.

Truxillo s'est sauvé pendant la mêlée; il s'est caché sur un arbre, témoin du triomphe de Jeanne, il la menace encore, quoique tremblant d'être découvert, et de recevoir la juste punition de ses forfaits.

Fin du second Acte.

ACTE III.

Le théâtre représente une campagne; dans le fond, sur de hautes montagnes, plusieurs moulins.

(*Il fait nuit.*)

Les Anglais repoussés devant Orléans, sont au bivouac.

Chandos se désespère, en se voyant vaincu et forcé de fuir devant une femme.

Truxillo accourt, il lui dit que la Pucelle est de l'autre côté de la montagne, et qu'elle vient escorter un convoi de farine destiné à l'armée française; que s'il veut lui donner beaucoup d'or, il la livrera morte ou vivante entre ses mains.

(*Le jour paroît petit à petit.*)

Chandos accepte la proposition du muletier. Truxillo demande un sac, on le lui apporte: de l'argent, ou lui en donne en abondance ; il le renferme dans le sac, et le fait charger sur un cheval.

On entend la marche française ; les Angais s'embusquent derrière des haies et des halliers.

Le convoi, sous l'escorte de la guerrière, défile sur la montagne ; elle est à cheval, à la tête d'un parti de cavalerie. Les sacs de farine son portés par des chevaux conduits par des paysans. le terrein ne permettant pas le passage des voitures jusqu'aux moulins.

La Pucelle poste sa cavalerie et son infanterie à droite et à gauche, pour faire passer le défilé au convoi.

L'astucieux Espagnol s'est rangé avec son cheval à la queue de la colone ; dès qu'il voit le moment favorable, il ouvre son sac : l'argent et l'or se répandent par terre.

Les soldats de l'escorte ne peuvent se contenir à la vue de ces métaux perfides, et, rébelles aux ordres de Jeanne, ils quittent leurs rangs et ramassent les pièces dont le sol est semé.

Chandos saisit ce moment : sa troupe entoure l'escorte et fait feu ; les fantassins, en désordre, s'enfuyent précipitamment : la cavalerie seule, commandée par la Pucelle, fait bonne contenance.

Jeanne tue le coupable muletier ; elle se trouve en tête Chandos et ses cavaliers ; elle les culbute et s'attache à la poursuite du Général anglais.

Les chevaux de Chandos et de Jeanne ont été tués dans la mêlée, ces deux fiers combattans continuent de combattre à pied ; la libératrice d'Orléans est entourée par un fort parti ennemi et menacée par les sabres et les escopettes.

On la somme de se rendre et de remettre son drapeau ; elle le serre contre son cœur : on le lui arrache, on la charge de chaînes ; mais Chandos malgré sa haine, se trouve surpris et presque ému en remarquant la beauté de la guerrière.

Il donne le signal, on part, et la Pucelle est amenée captive au milieu des guerriers d'Albion, joyeux de se voir délivrés de la crainte que leur inpiroit cette intrépide et redoutable ennemie.

Le théâtre change et représente une prison.

Blackbar et Rébecca sa femme, se mettent à table et commencent gaîment un repas grossier que le vin de France rend très-agréable au geolier anglais.

Une cloche se fait entendre.

Le geolier ouvre la porte.

Les écuyers de Chandos annoncent à Blackbar la prise de la fameuse Pucelle, et lui ordonnent de tout préparer pour la recevoir.

Blackbar obéit.

Jeanne est accablée, mais non pas abattue par son infortune.

Les écuyers sortent en recommandant au geolier la plus stricte surveillance.

La Pucelle est plongée dans la plus profonde méditation; Rebecca la regarde et la plaint, son mari se réjouit au contraire de cette capture

Jeanne se lève et semble deviner le sort affreux qui l'attend.

On sonne de nouveau au guichet. Chandos paroit, il veut rester seul avec la prisonnière; le geolier sort.

Chandos propose à la guerrière, dont le courage pourra devenir utile à son parti, de briser ses fers si elle accepte son cœur en échange de la liberté.

Jeanne-d'Arc se croit pour ainsi dire souillée par

cette proposition; elle ordonne fièrement au chevalier anglais de cesser un langage insultant.

Chandos lui apprend qu'elle est condamnée à monter sur un bûcher.

A cette annonce, Jeanne frémit.

Chandos interprétant ce mouvement comme un effet de la crainte, lui propose de nouveau de la sauver, si elle veut agréer son servage.

Pressée trop vivement, Jeanne-d'Arc saisit le poignard de l'Anglais, et menace de s'en percer le cœur, s'il ne se retire à l'instant même.

Chandos est furieux de cette résistance, qu'il devroit admirer; il se retire en jurant que la sentence inique portée contre la guerrière, va s'exécuter.

Cette fille héroïque implore à genoux le Tout-Puissant, et le prie de bénir sa mort comme il a béni sa vie.

Les soldats viennent la chercher pour la conduire au supplice : elle sort avec une noble fermeté.

(*Le Théâtre change et représente une place publique; à droite, un escalier formant la sortie de la prison; dans le fond, le bûcher.*)

(*Il fait nuit.*)

Une marche funèbre et le son du beffroi de la ville, annonce la scène horrible qui va se passer.

Des gardes sont autour du bûcher, les habitans accourent de tous côtés, en plaignant le sort de l'infortunée qui va périr dans les flammes.

Une double haie de soldats se forme depuis la prison jusqu'au lieu du supplice.

Jeanne arrive avec calme au milieu des flambeaux et des torches.

Elle monte sur le bûcher avec résignation.

Elle s'agenouille; elle offre à Dieu ses souffrances; elle lui offroit naguère ses triomphes.

A l'ordre de l'implacable Chandos, le bûcher s'allume; tout à la fois l'éclair brille, l'orage gronde.

Jeanne montre le ciel qui s'apprête à la venger; la foudre éclate, le bûcher s'abîme, les nuages noirs l'environnent; le peuple et les soldats s'enfuient épouvantés.

Fin du troisième Acte.

APOTHÉOSE.

Le Génie de la France paroît une palme à la main sur un nuage léger.

Il appelle deux Génies d'un ordre inférieur, et leur donne l'ordre d'annoncer aux demeures célestes l'arrivée de l'héroïne.

Les nuages noirs s'élèvent. On aperçoit une partie du séjour des Bienheureux. Sur des nuages brillans s'élève le temple de l'Immortalité, au milieu des séraphins et des guerriers martyrs de la foi ou de l'honneur.

L'Héroïne s'élève de terre; des anges la soutiennent.

Le Génie de la France lui montre le temple de l'Immortalité.

La figure de l'Héroïne est rayonnante de joie; elle élève les mains vers le temple; elle tombe à genoux; une foule d'anges et d'arcanges descendent sur sa tête ou l'environnent.

Les puissances célestes couronnent l'héroïne ; les anges célèbrent le triomphe de la libératrice de France, dont le nom se trouve écrit dans le ciel, au son des harpes divines et des trompettes de la véritable gloire.

FIN.